まちごとインド

North India 022 Khajuraho
カージュラホ
小さな村に残る「性愛の芸術」
खजुराहो

Asia City Guide Production

INDIA
北インド

【白地図】北インド

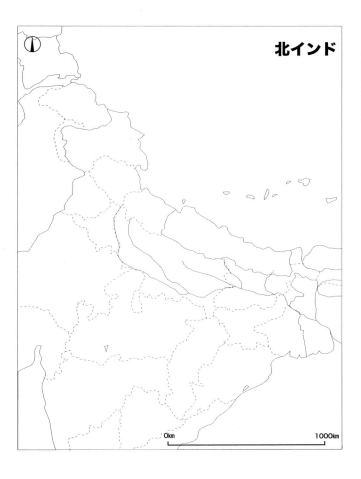

【白地図】カージュラホ近郊

INDIA
北インド

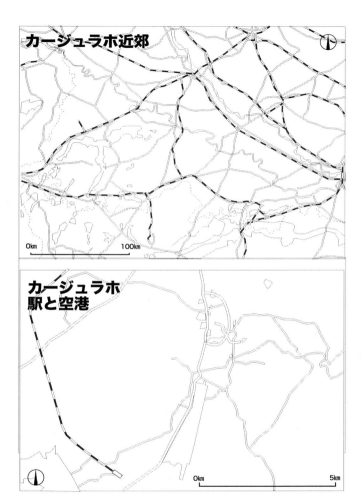

【白地図】カージュラホ

INDIA
北インド

【白地図】カージュラホ西群

INDIA
北インド

【白地図】ヴィシュワナータ寺院

INDIA
北インド

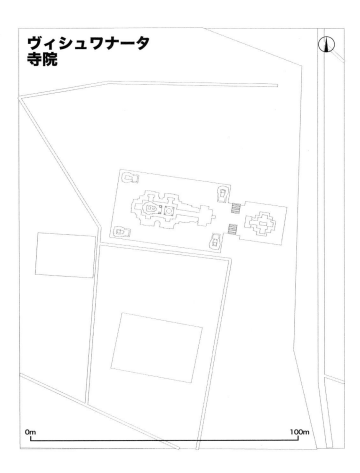

【白地図】カージュラホ東群

INDIA
北インド

INDIA
北インド

【まちごとインド】
北インド001 はじめての北インド
北インド002 はじめてのデリー
北インド003 オールド・デリー
北インド004 ニュー・デリー
北インド005 南デリー
北インド012 アーグラ
北インド013 ファテープル・シークリー
北インド014 バラナシ
北インド015 サールナート
北インド022 カージュラホ
北インド032 アムリトサル

北インドと南インドとの接点に位置するマディヤ・プラデーシュ州北部の小さな村に残るカージュラホの建築群。上昇性の高いシカラをもつ寺院、その外壁を覆い尽くすように刻まれた男女が交わるミトゥナ像などの彫刻はヒンドゥー美術の傑作として知られる。

　ここカージュラホは、北インド、デカン、西インドに興った王朝のはざまにあたり、中世、このあたりに覇をとなえたチャンディラ朝(ラージプート系王朝)の都がおかれていた。10〜12世紀にかけて85とも言われる寺院が造営され、現在、

खजुराहो
カージュラホ
Khajuraho

そのうちの 25 の寺院が姿を見せている。

　中世以降、北インドはイスラム勢力などの侵攻を受けたために、多くのヒンドゥー王朝がその軍門にくだっていった。かつてカルジューラ・ヴァーハカと呼ばれていたこの都も忘れ去られ、19 世紀になって「発見」されたときには小さな村が残るばかりとなっていた。それゆえにオリッサとならぶ北方型ヒンドゥー寺院の最高峰の建築を今に伝えている。

【まちごとインド】
北インド 022 カージュラホ

目次

カージュラホ……………………………………………xiv

インド美術の最高傑作 …………………………………xx

西群鑑賞案内 ……………………………………………xxxii

東群鑑賞案内 ……………………………………………xlvii

月の恋人とチャンディラ朝 ……………………………lvii

【MEMO】

Khajuraho カージュラホ

【地図】北インド

INDIA
北インド

インド美術の最高傑作

INDIA 北インド

ガンジス平原からデカン高原へと
移っていくマディヤ・プラデーシュ州
その小さな村カージュラホに残る傑作寺院群

エロティックな彫刻

カージュラホの寺院建築の壁面を埋め尽くすエロティックな彫刻群。ミトゥナ像(「性的結合」を意味する)と呼ばれる男女が抱擁し、交わる官能的な様子が描かれている。インドではカーマ(性愛)は、アルタ(実利)、ダルマ(法)とならんで追求されるものだと考えられてきた。その経典『カーマ・スートラ』には性交、処女との交渉、妻女、人妻、遊女、秘法などをテーマに、抱擁や接吻の種類、地方の慣習、特殊な性交などについて記してある。シヴァ神そのものと見られるリンガ(男性器)やヨーニ(女陰)が信仰対象になるなど、ヒンドゥー教では、

▲左　特異なポーズの男女の交わりが刻まれている。　▲右　びっしりと彫刻がほどこされた壁面

男性と女性の交わりで生まれる生命、その力（性力）が重視されてきた。

カージュラホの寺院群

カージュラホの建築群は、この村を越えて東西 2km 南北 3km の 21 平方 km に広がっている（チャンディラ朝の都は現在の村よりも大きな規模だった）。このなかで沐浴池シヴァ・サーガルのそばに位置する西群が規模、内容ともに秀でた 13 寺院が残る。またジャイナ教寺院をはじめとする 7 寺院が残る東群、小さな寺院がふたつ残るだけの南群の 3 つのグループに大きくわけら

【地図】カージュラホ近郊

【地図】カージュラホ近郊の [★★★]
- [ ] カージュラホ Khajuraho
- [ ] 西郡 Western Group

【地図】カージュラホ近郊の [★★☆]
- [ ] 東群 Eastern Group

【地図】カージュラホ近郊の [★☆☆]
- [ ] チャトルブジャ寺院 Chatrubja Mandir

【MEMO】

INDIA
北インド

ヒンドゥー寺院の構成

(カージュラホ西群の
カンダーリヤ・マハーデヴァ寺院)

『インドの仏蹟とヒンドゥー寺院』
(中村元編／講談社) 掲載図をもとに作成

Khajuraho ｜ インド美術の最高傑作

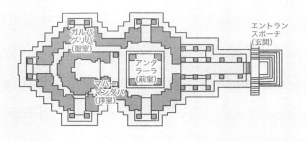

INDIA
北インド

れる。これらの寺院は 10 〜 12 世紀にかけて断続的に建てられたが、ケン川東岸のパンナの石切場が切り出された石材を使い、異なる宗教建築にあっても様式が統一されている（一部、花崗岩が使われ、ほかは砂岩がもちいられる）。

ヒンドゥー寺院の構成

高い基壇と遊歩道を備えた様式をもつカージュラホの建築群。太陽がのぼる東側に向けて建てられている。もっとも完成された寺院では、十字型を組みあわせた平面プランをもち、基壇の四隅にシカラを配し、その中央に大きなシカラをもつ五塔様式

▲左 カージュラホの子どもたち。　▲右　屋根にあたるシカラはヒマラヤの峰々がイメージされている

となっている。またエントランスポーチ(玄関)、アンタラーラ(前室)、マハーマンダパ (拝室)、ガルバグリバ (聖室) と徐々に屋根が高くなりながら後方へつながる上昇性をもつ。神像やリンガのまつられたガルバグリバには巡礼者が右回りにまわる回廊 (繞道) があり、もっとも高いシカラが載っている。

神々の棲むシカラ

高い屋根シカラはヒンドゥー寺院を彩る特徴のひとつで、神々の棲むヒマラヤが表現されている (世界の中心と考えられている須弥山ことメール山、シヴァ神が棲むカイラスなどシヴァ神、

INDIA
北インド

ヴィシュヌ神などの神々がヒマラヤに棲むとされる)。とくにカージュラホ建築の屋根は小さなシカラが積み重なるようにして中心に向かって高くなっていくインド北方型の代表となっている。南インドなどで見られる南方型の本殿の屋根はピラミッド型で、周囲四方にゴプラと呼ばれる巨大な楼門をもっている。

【MEMO】

【地図】カージュラホ

【地図】カージュラホの [★★★]
- [ ] 西郡 Western Group

【地図】カージュラホの [★★☆]
- [ ] 東群 Eastern Group
- [ ] パールシュヴァナータ寺院 Parshvanatha Mandir

【地図】カージュラホの [★☆☆]
- [ ] チャウンサト・ヨギニ寺院 Chausath Yogini Mandir
- [ ] 博物館 Museum
- [ ] ヴァーマナ寺院 Vamana Mandir
- [ ] ドゥラーデオ寺院 Duladeo Mandir
- [ ] チャトルブジャ寺院 Chatrubja Mandir

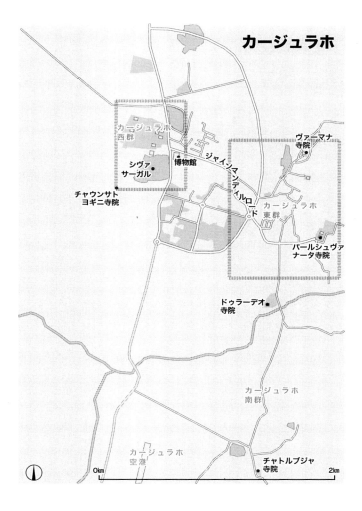

Guide, Western Group
西群 鑑賞案内

INDIA
北インド

愛の営みが彫られた意匠
神々の棲むヒマラヤを思わせる寺院群
インド美術の最高傑作がここに

पश्चिमी समूह ; 西郡 Western Group ［★★★］

カージュラホのなかでも規模、保存状態とともによいのが西群で、神々の棲むヒマラヤに見立てたシカラをもつヒンドゥー寺院、その壁面に装飾されたエロティックな男女のミトゥナ像などの傑作彫刻が残る。「天なる父（男）」と「大地の母（女）」が交わることで生命が育まれると考えられ、豊穣を生む力は性力（シャクティ）として信仰されてきた。カージュラホ西群には男女の性に関する経典『カーマ・スートラ』を映すように、神と神妃が交わる様子はじめ、豊満な身体をくねらせる女性、恋文を書く女性など官能的な表現が見られる。

▲左　手前に見えるのがデーヴィージャグダンベ寺院。　▲右　カージュラホの中心に位置するシヴァ・サーガル

कंदरिया महादेव मंदिर；
カンダーリヤ・マハーデヴァ寺院 Kandariya Mandir［★★★］

カージュラホに寺院が建立されていくなか、その絶頂期の11世紀に建てられたのがカンダーリヤ・マハーデヴァ寺院。中央に向かって84の小さなシカラが伸びあがっていき、聖室のうえには高さ30.5mの大きなシカラが載る。この寺院内部には226体、外部壁面には648体の彫像が彫られ、とくに外壁を彩る男女が交わるミトゥナ像は高い芸術性を見せている。カージュラホの寺院の多くがヴィシュヌ神に捧げられているなかで、この寺院はシヴァ神を意味するリンガがまつ

▲左　カンダーリヤ・マハーデヴァ寺院はヒンドゥー建築の傑作。　▲右　男女が交わるエロティックな彫刻

られていて、寺院全体がシヴァ神の棲むカイラスを彷彿とさせる。11世紀、当時、北インドで最高の権力を誇っていたチャンディラ朝ヴィディヤーダラ王によるものとされる。

男女が交わる美しき彫刻

カンダーリヤ・マハーデヴァ寺院の外壁には、三層になった高さ80cmほどの枠に、くまなく彫刻が彫られている。目をひくのが性の経典『カーマ・スートラ』でも描かれている、さまざまな体位で交わる男女のミトゥナ像で、豊かな女性の乳房やお尻はヒンドゥー美術の最高峰の表現とされる。また

Khajuraho｜西群鑑賞案内

そのほかにも『恋文を書く女性』『自分の胸を愛撫する女性』『化粧する女性』などさまざまな表情をもつ彫像が彫られている。

【地図】カージュラホ西群

【地図】カージュラホ西群の [★★★]
- [ ] 西郡 Western Group
- [ ] カンダーリヤ・マハーデヴァ寺院 Kandariya Mandir

【地図】カージュラホ西群の [★★☆]
- [ ] ヴィシュワナータ寺院 Vishwanatha Mandir

【地図】カージュラホ西群の [★☆☆]
- [ ] チトラグプタ寺院 Chitragupta Mandir
- [ ] ラクシュマナ寺院 Laksamana Mandir
- [ ] マータンゲーシュヴァラ寺院 Matangeshwara Mandir
- [ ] 博物館 Museum

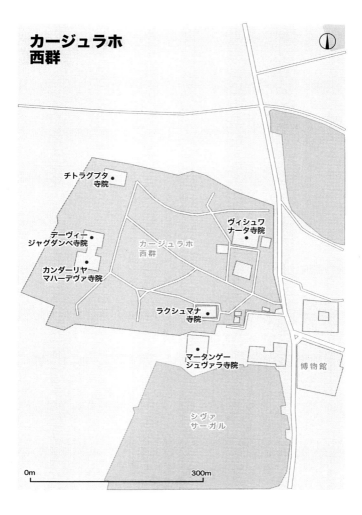

INDIA
北インド

विश्वनाथ मंदिर ;
ヴィシュワナータ寺院 Vishwanatha Mandir [★★☆]

チャンディラ朝の全盛期にあたる 1002 年に建てられたヴィシュワナータ寺院。前室から聖室へ向かって高くなっていくシカラ、壁面を彩るエロティックな彫刻（ラクシュミーの背後から手をまわして胸に触れようとするヴィシュヌ神）など、カージュラホ建築の基本様式を備えている。この時代に東群のパールシュヴァナータも建てられたと見られ、カンダーリヤ・マハーデヴァ寺院へ続くカージュラホ様式が完成を迎えている。本尊にはヴィシュヌ神がまつられていて、この寺院

▲左 イスラム勢力の侵入による破壊のなか、カージュラホには中世以来のヒンドゥー寺院が残った。　▲右 ヴィシュワナータ寺院の本体

と向かいあうように、ナンディ堂が立つ(ナンディはヴィシュヌ神の乗りもの)。

चित्रगुप्त मंदिर;チトラグプタ寺院 Chitragupta Mandir[★☆☆]

カンダーリヤ・マハーデヴァ寺院の北側に立つチトラグプタ寺院。規模は大きいが聖室に巡礼のための回廊がない様式となっている。本尊には太陽神スーリヤがまつられている。

लक्ष्मण मंदिर;ラクシュマナ寺院 Laksamana Mandir[★☆☆]

「ヒマラヤの峰々に匹敵する壮麗なヴィシュヌの住居」とた

とらえられていたラクシュマナ寺院。西群寺院のなかで最初期の954年にヤショーヴァルマン王に建立されたと見られ、基壇四隅にシカラ、中央に大シカラの立つ五塔様式となっている。顔の左右に野猪と獅子、背面に悪魔の顔をもつ四面ヴィシュヌを本尊とするほか、寺院の北側壁には傑作ヒンドゥー美術『鏡を手にする女性』が見られる。

मतंगेश्वर मंदिर；
マータンゲーシュヴァラ寺院 Matangeshwara Mandir [★☆☆]

西群建築群の敷地のすぐ外に立つマータンゲーシュヴァラ寺

【MEMO】

【地図】ヴィシュワナータ寺院

【地図】ヴィシュワナータ寺院の［★★☆］
□　ヴィシュワナータ寺院 Vishwanatha Mandir

ヴィシュワナータ寺院

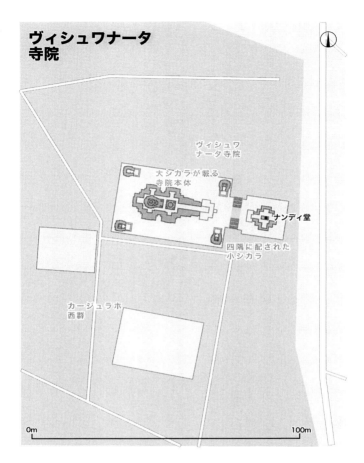

院。高さ2.5mの巨大なリンガ（シヴァ神）がまつられ、現在も参拝対象となっている。装飾があまりなく、カージュラホ様式が確立されるまでの10世紀はじめの建立とされる。またこの寺院の向かいには、ヴィシュヌ神の化身ヴァラーハ（猪）をまつったヴァラーハ寺院が立つ。

चौसठ योगिनी मंदिर ; チャウンサト・ヨギニ寺院
Chausath Yogini Mandir ［★☆☆］

西群から少し離れた丘のうえに立つチャウンサト・ヨギニ寺院。900年ごろの建立とされ、カージュラホの寺院建築はこ

▲左 バス停で出逢った子どもたち。　▲右 「壮麗なヴィシュヌの住居」ラクシュマナ寺院

の寺院からはじまったと考えられる。中庭の周囲に小さな祠堂をもち、それぞれカーリー女神の従者であるヨギニの像がおかれていた（現在は大部分、破壊の憂き目にあっている）。

संग्रहालय；博物館 Museum ［★☆☆］

カージュラホ西群の前を走る道路をはさんで向かいに立つ小さな博物館。イスラム教徒の侵入で破壊された壁面彫刻などが展示されている。

Guide, Eastern Group
東群 鑑賞案内

カージュラホ建築最高峰のひとつパールシュヴァナータ寺院
この寺院は、ヒンドゥー教ではなくジャイナ教のもの
それは寛大なチャンディラ朝の性格を示すのだという

पूर्वी समूह ; 東群 Eastern Group［★★☆］

このカージュラホ西群近くに小さな村がたたずむが、寺院が建てられたチャンディラ朝時代の都は、今の村よりもはるかに大きなものだったようで遺跡は東群、南群などに点在している。

पार्श्वनाथ मंदिर ;
パールシュヴァナータ寺院 Parshvanatha Mandir［★★☆］

ヒンドゥー寺院がならぶカージュラホにあって、ジャイナ教の祖師に捧げられたパールシュヴァナータ寺院（ジャイナ教

INDIA
北インド

ではマハーヴィラをふくめて24人の祖師がいるとされ、パールシュヴァナータは23代目)。本尊には黒大理石製のパールシュヴァナータ像がまつられていて、チャンディラ朝時代にヒンドゥー教とならんでジャイナ教が信仰されていたことをよく伝えている。10世紀なかごろの建立と見られ、その様式は他のカージュラホのヒンドゥー寺院と変わらず、東部で屈指の芸術性を誇る。とくに『恋文を書く女性』の彫刻はインド美術の傑作にあげられる。

【MEMO】

【地図】カージュラホ東群

【地図】カージュラホ東群の [★★☆]
- [ ] 東群 Eastern Group
- [ ] パールシュヴァナータ寺院 Parshvanatha Mandir

【地図】カージュラホ東群の [★☆☆]
- [ ] アーディナータ寺院 Adinatha Mandir
- [ ] ガンタイ寺院 Ghantai Mandir
- [ ] ブラフマー寺院 Brahma mandir
- [ ] ジャヴァーリー寺院 Javari Mandir
- [ ] ヴァーマナ寺院 Vamana Mandir
- [ ] ドゥラーデオ寺院 Duladeo Mandir

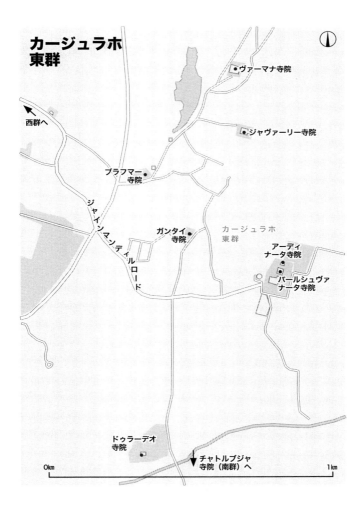

INDIA
北インド

आदिनाथ मंदिर；アーディナータ寺院 Adinatha Mandir [★☆☆]

パールシュヴァナータ寺院と同じくジャイナ教の初代祖師アーディナータがまつられたアーディナータ寺院。11世紀の建立で、複合的な様式をとらず、聖室のうえに細いシカラが立っている。

घंटे मंदिर；ガンタイ寺院 Ghantai Mandir [★☆☆]

パールシュヴァナータ寺院の西に立つガンタイ寺院。寺院の大部分が破壊され、むき出しの状態で、柱と屋根が残る。かつては大規模なジャイナ教寺院だったという。

▲左　東群近くの学校、バクシーシをせがまれることも。　▲右　平原が続くカージュラホ郊外

ब्रह्माजी मंदिर ; ブラフマー寺院 Brahma mandir [★☆☆]

池のほとりに立つブラフマー寺院。カージュラホ様式が確立される以前の10世紀はじめの建立と見られ、単室の堂にピラミッド状のシカラが載る。

जावरी मंदिर ; ジャヴァーリー寺院 Javari Mandir [★☆☆]

高い基壇のうえにほっそりとした本体が載るジャヴァーリー寺院。11世紀の後半に建てられたと見られ、壁面に精緻な彫刻がほどこされている。

INDIA
北インド

वामन मंदिर ; ヴァーマナ寺院 Vamana Mandir [★☆☆]
カージュラホ東群の北側に位置するヴァーマナ寺院。ヴァーマナはヴィシュヌ神の化身の小人で、たった三歩で世界をまたいだと伝えられる。

दुल्हादेव मंदिर ; ドゥラーデオ寺院 Duladeo Mandir [★☆☆]
ジャトカリー村の西南に位置するドゥラーデオ寺院（南群）。チャンディラ朝末期（12世紀前半）のもので、シヴァ神をまつる。寺院内部に彫刻が見られるが、外壁は損傷している。

▲左　素足の子どものどかな村の様子。　▲右　東群、南群へはリキシャが便利

चतुर्भुज मंदिर ;
チャトルブジャ寺院 Chatrubja Mandir ［★☆☆］

ドゥラーデオ寺院のさらに南側、川を渡ったところに立つチャトルブジャ寺院。寺院は前室と聖室が残る小規模なもので、高さ 2.7m のヴィシュヌ立像が安置されている。

月の恋人とチャンディラ朝

月の神から生まれたというチャンディラ朝の王統
世界的にも稀有な
エロティック彫刻を残している

チャンディラ朝の誕生

ある夏の夜、16歳になった美しい娘ヘマワティは、高揚を感じて眠れなかったため、蓮の池で水浴していた。するとそこへヘマワティの美しさにひかれて月の神（チャンドラマ）が地上に降りてきて、娘に愛をささやいた。ふたりは一夜をともにしたが、朝、別れることになり、月の神は「カルナヴァティ河の岸で子が生まれ、マホーバで育ち、王になるだろう」という予言を残した。その予言通りに子どもが生まれ、「月」を意味するチャンドゥヴァルマンと名づけられた。こうして娘ヘマワティはチャンディラ朝の女祖となり、王はカージュ

INDIA
北インド

ラホに寺院を建て、そのまわりに湖や庭をつくったのだという。

中央インドの覇者

チャンディラ家はもともとプラティハーラ朝に仕える諸侯だったが、第7代のヤショーヴァルマン王が925年に即位すると、勢力を広げて独立することになった(系譜では9世紀前半のナンヌカ王を祖とする)。こうして東方のパーラ朝やデカンのラーシュトラクータ朝などの各勢力がせめぎあうなか、チャンディラ朝はマホーバ(カージュラホの北100km)

▲左 ヒンドゥー教では石で寺院を建設し、神々の像で飾りたてた。　▲右 子どもの髪を親が散髪していた

やカージュラホを中心に覇をとなえた。この王朝はイスラム勢力の侵入を受けるなかで13世紀には衰え、小さな勢力となって16世紀まで命脈をたもった。

女性原理の崇拝、タントラ

カージュラホに寺院が建立された10〜12世紀は、タントラ派と呼ばれるヒンドゥー教宗派が盛んになっていた（8世紀ごろより勢力が強くなった）。タントラではシヴァ神の妃ドゥルガー女神やカーリー女神が信仰され、とくに生命を育む大地母神の女性原理、性力（シャクティ）が崇拝対象となった。

INDIA
北インド

タントラはインドの民間信仰に深くねづいていたもので、特定の宗派に関わらず、ヒンドゥー教、仏教などにその影響が見られる。とくに密教ではタントラが積極的にとり入れられ、チャンディラ朝と同時代に東インドを統治したパーラ朝の統治下からタントラ密教がチベットへ伝わっている。

Khajuraho

月の恋人とチャンディラ朝

参考文献

『芸術新潮古代美術館 25 カジュラホ』（前田常作 / 芸術新潮）

『世界美術大全集東洋編インド』（小学館）

『北インドの建築入門』（佐藤正彦 / 彰国社）

『インド建築案内』（神谷武夫 /TOTO 出版）

『ヒンドゥー教史』(中村元 / 山川出版社)

『インド美術史』（宮治昭 / 吉川弘文館）

『完訳カーマ・スートラ』（岩本裕 / 平凡社）

『世界大百科事典』（平凡社）

まちごとパブリッシングの旅行ガイド
Machigoto INDIA , Machigoto ASIA , Machigoto CHINA

【北インド - まちごとインド】

001 はじめての北インド
002 はじめてのデリー
003 オールド・デリー
004 ニュー・デリー
005 南デリー
012 アーグラ
013 ファテープル・シークリー
014 バラナシ
015 サールナート
022 カージュラホ
032 アムリトサル

【西インド - まちごとインド】

001 はじめてのラジャスタン
002 ジャイプル
003 ジョードプル
004 ジャイサルメール
005 ウダイプル
006 アジメール（プシュカル）
007 ビカネール
008 シェカワティ
011 はじめてのマハラシュトラ
012 ムンバイ
013 プネー
014 アウランガバード
015 エローラ
016 アジャンタ
021 はじめてのグジャラート
022 アーメダバード
023 ヴァドダラー（チャンパネール）
024 ブジ（カッチ地方）

【東インド - まちごとインド】

002 コルカタ
012 ブッダガヤ

【南インド - まちごとインド】

001 はじめてのタミルナードゥ
002 チェンナイ
003 カーンチプラム
004 マハーバリプラム
005 タンジャヴール
006 クンバコナムとカーヴェリー・デルタ
007 ティルチラパッリ
008 マドゥライ
009 ラーメシュワラム
010 カニャークマリ
021 はじめてのケーララ
022 ティルヴァナンタプラム
023 バックウォーター（コッラム～アラップーザ）
024 コーチ（コーチン）
025 トリシュール

【ネパール - まちごとアジア】

001 はじめてのカトマンズ
002 カトマンズ
003 スワヤンブナート

004 パタン
005 バクタプル
006 ポカラ
007 ルンビニ
008 チトワン国立公園

【バングラデシュ - まちごとアジア】

001 はじめてのバングラデシュ
002 ダッカ
003 バゲルハット（クルナ）
004 シュンドルボン
005 プティア
006 モハスタン（ボグラ）
007 パハルプール

【パキスタン - まちごとアジア】

002 フンザ
003 ギルギット（KKH）
004 ラホール
005 ハラッパ
006 ムルタン

【イラン - まちごとアジア】

001 はじめてのイラン
002 テヘラン
003 イスファハン
004 シーラーズ
005 ペルセポリス
006 パサルガダエ（ナグシェ・ロスタム）
007 ヤズド
008 チョガ・ザンビル（アフヴァーズ）
009 タブリーズ
010 アルダビール

【北京 - まちごとチャイナ】

001 はじめての北京
002 故宮（天安門広場）
003 胡同と旧皇城
004 天壇と旧崇文区
005 瑠璃廠と旧宣武区
006 王府井と市街東部
007 北京動物園と市街西部
008 頤和園と西山
009 盧溝橋と周口店
010 万里の長城と明十三陵

【天津 - まちごとチャイナ】

001 はじめての天津
002 天津市街
003 浜海新区と市街南部
004 薊県と清東陵

【上海 - まちごとチャイナ】

001 はじめての上海
002 浦東新区
003 外灘と南京東路
004 淮海路と市街西部
005 虹口と市街北部
006 上海郊外（龍華・七宝・松江・嘉定）
007 水郷地帯（朱家角・周荘・同里・甪直）

【河北省 - まちごとチャイナ】

001 はじめての河北省
002 石家荘
003 秦皇島
004 承徳
005 張家口
006 保定
007 邯鄲

【江蘇省 - まちごとチャイナ】

001 はじめての江蘇省
002 はじめての蘇州
003 蘇州旧城
004 蘇州郊外と開発区
005 無錫
006 揚州
007 鎮江
008 はじめての南京
009 南京旧城
010 南京紫金山と下関
011 雨花台と南京郊外・開発区
012 徐州

【浙江省 - まちごとチャイナ】

001 はじめての浙江省
002 はじめての杭州
003 西湖と山林杭州
004 杭州旧城と開発区
005 紹興
006 はじめての寧波
007 寧波旧城
008 寧波郊外と開発区
009 普陀山
010 天台山
011 温州

【福建省 - まちごとチャイナ】

001 はじめての福建省
002 はじめての福州
003 福州旧城
004 福州郊外と開発区
005 武夷山
006 泉州
007 厦門
008 客家土楼

【広東省 - まちごとチャイナ】

001 はじめての広東省
002 はじめての広州
003 広州古城
004 天河と広州郊外
005 深圳(深セン)
006 東莞
007 開平(江門)
008 韶関
009 はじめての潮汕
010 潮州
011 汕頭

【遼寧省 - まちごとチャイナ】

001 はじめての遼寧省
002 はじめての大連
003 大連市街
004 旅順
005 金州新区

006 はじめての瀋陽
007 瀋陽故宮と旧市街
008 瀋陽駅と市街地
009 北陵と瀋陽郊外
010 撫順

【重慶 - まちごとチャイナ】

001 はじめての重慶
002 重慶市街
003 三峡下り（重慶〜宜昌）
004 大足

【香港 - まちごとチャイナ】

001 はじめての香港
002 中環と香港島北岸
003 上環と香港島南岸
004 尖沙咀と九龍市街
005 九龍城と九龍郊外
006 新界
007 ランタオ島と島嶼部

【マカオ - まちごとチャイナ】

001 はじめてのマカオ
002 セナド広場とマカオ中心部
003 媽閣廟とマカオ半島南部
004 東望洋山とマカオ半島北部
005 新口岸とタイパ・コロアン

【Juo-Mujin（電子書籍のみ）】

Juo-Mujin 香港縦横無尽
Juo-Mujin 北京縦横無尽
Juo-Mujin 上海縦横無尽

【自力旅游中国 Tabisuru CHINA】

001 バスに揺られて「自力で長城」
002 バスに揺られて「自力で石家荘」
003 バスに揺られて「自力で承徳」
004 船に揺られて「自力で普陀山」
005 バスに揺られて「自力で天台山」
006 バスに揺られて「自力で秦皇島」
007 バスに揺られて「自力で張家口」
008 バスに揺られて「自力で邯鄲」
009 バスに揺られて「自力で保定」
010 バスに揺られて「自力で清東陵」
011 バスに揺られて「自力で潮州」
012 バスに揺られて「自力で汕頭」
013 バスに揺られて「自力で温州」

【車輪はつばさ】
南インドのアイラヴァテシュワラ寺院には建築本体に車輪がついていて寺院に乗った神さまが人びとの想いを運ぶと言います。

・本書はオンデマンド印刷で作成されています。
・本書の内容に関するご意見、お問い合わせは、発行元の
　まちごとパブリッシング info@machigotopub.com までお願いします。

まちごとインド
北インド022カージュラホ
～小さな村に残る「性愛の芸術」［モノクロノートブック版］

2017年11月14日　発行

著　者	「アジア城市（まち）案内」制作委員会
発行者	赤松　耕次
発行所	まちごとパブリッシング株式会社
	〒181-0013　東京都三鷹市下連雀4-4-36
	URL http://www.machigotopub.com/
発売元	株式会社デジタルパブリッシングサービス
	〒162-0812　東京都新宿区西五軒町11-13
	清水ビル3F
印刷・製本	株式会社デジタルパブリッシングサービス
	URL http://www.d-pub.co.jp/

MP010

ISBN978-4-86143-144-9 C0326　　　　Printed in Japan
本書の無断複製複写（コピー）は、著作権法上での例外を除き、禁じられています。